PAOLO VALENTINO

# KatZEN

mosaik

PAOLO VALENTINO

# KAT  ZEN

Aus dem Italienischen
von Ingrid Exo

Mit Illustrationen
von Marianna Coppo

mosaik

Dieses Buch ist auch als E-Book erhältlich.

FSC
www.fsc.org
MIX
Aus verantwortungsvollen Quellen
FSC® C005833

Verlagsgruppe Random House FSC® N001967

1. Auflage
Deutsche Erstausgabe Juli 2018

Originaltitel: Il metodo Catfulness
Umschlag: *zeichenpool
Umschlagmotiv: Marianna Coppo
Redaktion: Manuela Knetsch
Satz: Uhl + Massopust, Aalen
Druck und Bindung: Těšínská Tiskárna, a.S., Český Tešín
Printed in Czech Republic
CH · Herstellung: IH
ISBN 978-3-442-39328-2

www.mosaik-verlag.de

# Achtsamkeit auf Samtpfoten

# Einleitung

»Ich habe schon mit verschiedenen Zen-Meistern zusammengelebt – es waren alles Katzen.« »Ich glaube, Katzen sind spirituelle Wesen, die auf die Erde gekommen sind. Ich bin mir ganz sicher: Eine Katze kann über Wolken spazieren.« »Es gibt nichts Herrlicheres als das friedliche Gefühl, das sich in dir ausbreitet, wenn sie schlummert, und nichts Lebhafteres als eine Katze in Aktion.« … Die Aufzählung könnte ich noch lange fortsetzen, denn all das haben Menschen über uns Katzen gesagt.



Ich als Katze kann nicht beurteilen, ob da etwas Wahres dran ist. Ich lebe einfach, ohne mich darum zu kümmern, was in einem früheren Leben gewesen sein könnte oder was mich in einem zukünftigen erwartet. Die Zukunft ist eine Projektion des Geistes, warum also sollte man sich jetzt schon Sorgen darum machen?

Allerdings kann ich mir denken, warum die Menschen seit jeher Miniaturausgaben meditierender Mönche in uns sehen, wenn nicht gar Gottheiten – was wir sie, nebenbei bemerkt, gerne glauben lassen.

Eine Menge menschlicher Probleme sind hausgemacht.

Wir Katzen sehen das. Nie können die Menschen stillhalten, und eine ihrer Lieblingsbeschäftigungen besteht darin, sich immer mehr Arbeit aufzuhalsen, ganz so, als dürften sie sich keine Pause erlauben.

Oft sagen sie nicht das, was sie wirklich meinen oder empfinden. Eigentlich wollen sie etwas ganz Bestimmtes, aber wenn sie Angst haben, jemandem damit zu nahe zu treten, behaupten sie, etwas anderes zu wollen.

Dann gibt es Menschen, die furchtbar laut sprechen, als wollten sie ihr Gegenüber betäuben, wieder andere rennen nervös umher, fuchteln dabei mit Armen und Beinen und wenden den Kopf hin und her.



Ständig suchen sie nach etwas, als genüge ihnen ihr Leben nicht, und behaupten dabei, auf der Suche nach dem Glück zu sein. Doch wissen die Menschen überhaupt, was Glück ist?

Wie gut, dass es uns Katzen gibt!

Wir nämlich essen, wenn wir hungrig sind, trinken, wenn wir Durst haben, und schlafen, wenn wir müde sind – wir sind immer ganz im Hier und Jetzt, leben ausschließlich im gegenwärtigen Moment. Wir wollen niemandem gefallen außer uns selbst, und wir tun damit auch unserer Umgebung etwas Gutes.

Wir haben schon lange begriffen, was Glück bedeutet.

Es funktioniert so ähnlich wie das Prinzip *mindfulness*, also wie die Kunst, bewusst im Augenblick zu leben. Wir Katzen folgen diesem Prinzip von jeher.

Wenn die Menschen uns nur endlich einmal genau beobachten würden, wäre die Welt bestimmt heiterer. Es würde schon reichen, wenn sie sich einfach öfter mit uns beschäftigten, uns streicheln oder bürsten oder mit uns spielen würden, ohne zu fürchten, dadurch Zeit für Wichtigeres zu vergeuden. Das Wichtigste überhaupt nämlich ist, glücklich zu sein.

Übrigens sagte schon Sigmund Freud: »Die Zeit, die man mit Katzen verbringt, ist niemals verlorene Zeit.«

In diesem Buch nun habe ich aufgeschrieben, was die Menschen alles tun könnten, um endlich glücklich zu werden. Es ist ein Sieben-Wochen-Programm, denn bekanntlich hat eine Katze sieben Leben. Wer die Übungen im Alltag anwendet, beginnt ein Dasein, das frei von Zwängen ist, frei von den Beschwernissen, die die Seele an das irdische Leben fesseln. Möglicherweise beginnt damit sogar ein ganz neues Leben.

# ERSTE WOCHE

# Halte inne und entspann dich

Wenn das Leben aus nichts als Grübeln und Arbeiten besteht, ist das so, als würde man gar nicht leben.
Wieso hältst du nicht einfach entspannt inne und beobachtest die Dinge um dich herum?
Du wirst merken, dass die Welt sich auch ohne dich weiterdreht, ohne deine Ängste und Sorgen.
Du beobachtest und bleibst auf Distanz, so wie ich ganz oben auf dem Bücherregal im Wohnzimmer.
In diesem Augenblick wirst du wirklich leben.

# Alles kann ein Spiel sein

Spielen bedeutet, ständig etwas Neues auszuprobieren.
Stelle deine fünf Sinne auf die Probe und entdecke immer wieder Neues an dir und in der Welt.
Gib dich nicht mit deinen gewohnten Vergnügungen zufrieden, auch wenn es beruhigend scheint.
Halte nach neuen Ausschau
oder verwandle deine Gewohnheiten in ein Spiel.
Nicht du bist verrückt, sondern diejenigen, die glauben, dass erwachsen zu sein bedeutet, nicht mehr spielen zu dürfen!

## Übe dich in Geduld

Wenn es sein muss,
kann ich stundenlang regungslos vor einem Mauseloch sitzen.
Wenn etwas Wichtiges auf dem Spiel steht,
gibt es keine Uhr, weder die an der Wand
noch eine innere.
Nicht zufällig antwortete ein Sufi-Meister auf die Frage:
»Von wem hast du das Meditieren gelernt?« mit den Worten:
»Von einer Katze, die vor einem Mauseloch
auf der Lauer lag.«

## Hör nicht auf, neugierig zu sein

Was verbirgt sich hinter einem Möbelstück?
Was gibt es vom höchsten Aussichtspunkt
der Wohnung aus zu entdecken?
Und was mag wohl hinter dem geschlossenen Gittertor sein
oder am Ende der Straße, wo ich bisher noch nicht war?
Bleibe stets neugierig,
und das Leben wird Tag für Tag
kleine oder große Sensationen für dich bereithalten.

## Betrachte ein Aquarium

In ein Aquarium zu schauen, sei es klein oder groß,
ist das beste Mittel gegen Stress.
Hauptsache, es schwimmen Fische darin –
ob gewöhnliche Goldfische
oder bunte Tropenfische spielt keine Rolle.
Ihr sanftes Dahinschweben
und ihre langsame Atmung sind geradezu betörend,
dumme Gedanken lösen sich so ganz von alleine auf.

## Auf ins Grüne!

Wenn die Hektik wieder Oberhand gewinnt – schalte ab.
Geh raus aus der Wohnung, und sei es nur auf den Balkon,
kümmere dich um die Pflanzen
oder mach einen Spaziergang im Park, wenn möglich.
Dort im Grünen, wo das Leben
noch den ursprünglichen Rhythmen folgt,
wo das Gras ganz von allein wächst,
ohne dass du dich darum kümmerst,
wirst du im Handumdrehen Frieden finden.

# Ruhetag

Heute ist Sonntag, gönn dir eine Pause.
»Arbeit« und »erledigen« sind für heute gestrichen.
Mach deinen Kopf frei
und denk vor allem nicht daran,
dass morgen schon wieder Montag ist.
Morgen ist morgen, heute ist heute.

ÜBUNG

# Entdecke die Welt

Halte nie für selbstverständlich, was du um dich herum siehst. Entdeckerfreude ist eine Arznei, die man täglich nehmen sollte. Vergisst man sie, kommt es zu Langeweile, schlechter Laune und dem Wunsch, aus allem auszubrechen.
Die Welt kann voller Überraschungen sein, wenn man lernt, richtig hinzusehen. Im Grunde ist nichts immer genau gleich. An jedem Tag hast du die Chance, die Welt mit allen fünf Sinnen neu zu entdecken. Ein wahres Abenteuer!

Beobachte Tag für Tag – oder mehrmals im Laufe eines einzigen Tages – die Blumen auf dem Balkon oder im Garten. Wie viel Leben allein schon in einem solch stillen Pflänzchen steckt!

## ÜBUNG

Nimm zum Abstauben alle deine Bücher aus dem Regal und wirf beim Zurückstellen einen Blick auf jeden einzelnen Titel. Hast du die Bücher alle schon gelesen? Wann? Was hast du dabei empfunden? Schau doch einfach mal in eines von denen, die du noch nicht kennst!

Nimm einen Haushaltsgegenstand, den du schon seit Jahren kennst, beispielsweise ein Andenken, das du im Urlaub gekauft hast. Nimm es in die Hand, drehe und wende es. Betrachte es von allen Seiten, rieche daran. Überlege, wie es gemacht wurde, wie viele Personen daran gearbeitet haben. Der Gegenstand wird dir anschließend noch mehr bedeuten.

# ZWEITE WOCHE

## Weg mit den Kinkerlitzchen

Es gibt nur einen Weg, sich frei zu fühlen:
Wirf allen Ballast ab!
Auch Flitterkram kann schwer wiegen.
Ich zum Beispiel mag keine Schleifchen,
Glöckchen, Kleidchen –
wenn du das Gefühl hast, dass dich etwas belastet,
ob nun geringfügig oder unerträglich,
tue das Naheliegendste: Wirf es ab.

## Lerne, Alltägliches zu schätzen

Der Alltag ist kein Käfig,
aus dem man ausbrechen muss.
Wenn es einem gelingt, die täglichen Erledigungen
mit Freude zu verrichten,
ist das Glück ganz nah: aufwachen,
aus dem Napf fressen, weiterschlummern,
erneut aufwachen, umherlaufen und -springen.
Schon Bodhidharma hat gesagt:
Zen ist nichts anderes als das alltägliche Leben.

## Verzettele dich nicht

Wer tausend Sachen auf dem Zettel hat
– Reisen, wichtige Einladungen, Events –,
wirkt sehr hip, ich weiß schon.
Im Vergleich dazu kann das eigene Dasein,
das vielleicht nicht so aufregend ist,
langweilig erscheinen.
Doch in Wahrheit ist ein hektisches Leben
gar nicht so spannend. Ich habe wenig zu tun,
eigentlich tue ich immer dasselbe, und mir geht es prima.

## Was ist richtig, was ist falsch?

Im Leben gibt es kein »richtig« oder »falsch«.
Dies sind nichts als leere Worte.
Mach nicht immer alles auf dieselbe Weise,
so, wie es »richtig« ist.
Ich probiere immer neue Wege aus,
um zur Fensterbank zu gelangen.
Ich klettere irgendwo hoch, laufe über den Schreibtisch,
springe – und manchmal stürze ich dabei ab.
Erlaube auch du dir, ab und an etwas »falsch« zu machen.
Das Ergebnis wird dir umso besser gefallen.



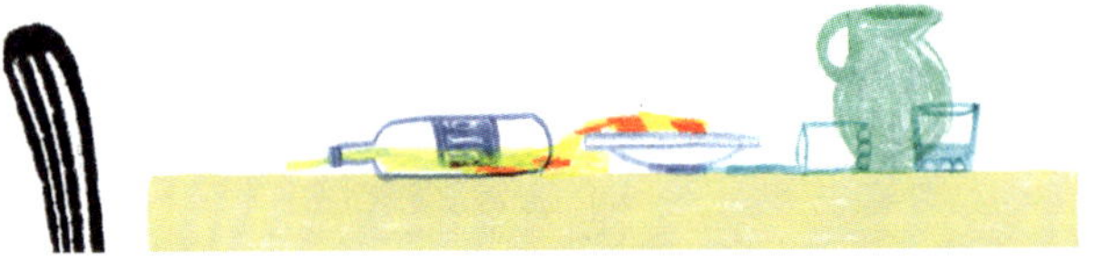

## Sich bürsten zu lassen ist schön

Wenn du dir die Haare bürstest oder sie dir
von jemandem, den du gern magst,
bürsten lässt, gönnst du dir nicht nur
einen schönen Moment.
Sich langsam und gründlich
die Haare zu bürsten
stimuliert auch zahlreiche
wohltuende Shiatsu-Punkte.
Aber vergiss mich bitte nicht dabei –
unseren ganz persönlichen Moment!

## Äußere deine Wünsche

Das Schweigen kann dein ärgster Feind sein.
Wenn du dir etwas unbedingt wünschst,
musst du es laut und deutlich sagen
und deine Bedürfnisse äußern,
auch wenn du damit vielleicht
jemandem zu nahe trittst.
Andernfalls wird dich all das, was du nicht gesagt hast,
langsam von innen heraus verzehren.

## Ruhetag

Man sagt, nichts zu tun
sei das Schwierigste auf der Welt.
Für die Menschen mag das stimmen,
denn sie haben in dieser Hinsicht
noch viel zu lernen.
Für Katzen gilt das aber keinesfalls.
Nichts zu tun soll deshalb für heute
die einzige »Aufgabe« sein.

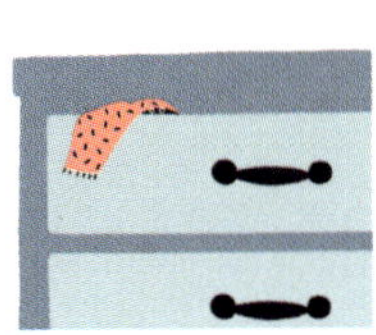

ÜBUNG

# Schaffe dir Rituale

Wir Katzen sind Gewohnheitstiere. Wir finden es schön, jeden Tag mehr oder weniger dasselbe zu tun. Wir lieben das Leben, das wir führen, wir lieben alles, was wir tun, und anders als die Menschen träumen wir von keinem anderen Leben.
Durch diese Übung lernt man zu schätzen, was man hat.

- Such dir etwas aus, das du regelmäßig tust, was dir aber lästig erscheint, etwa Zähne zu putzen oder den Müll rauszubringen.

- Nun versuch Folgendes dabei zu denken: »Mensch, macht das Spaß!« Am Anfang wirst du dir dumm vorkommen, aber hör auf mich: Probier es aus!

Denke beim nächsten Zähneputzen nicht bereits an das, was du danach tun musst oder willst. Richte stattdessen deine ganze Aufmerksamkeit auf das, was du gerade tust. Konzentriere dich darauf, wie es sich anfühlt, wenn die Zahnbürste auf den Zähnen aufliegt, wie die Zahnpasta schmeckt, die sich auf deiner Zunge und am Gaumen ausbreitet. In diesem Moment tust du nichts anderes, als dir die Zähne zu putzen.

Gehe so mindestens eine Woche lang vor. Ich bin sicher, dass es dir schon am siebten Tag nicht mehr lästig ist, dir die Zähne zu putzen oder den Müll rauszubringen. Es ist nicht mehr länger eine bloße Pflichtübung, die man so schnell wie möglich hinter sich bringen will.

# DRITTE WOCHE

## Ändere deine Gewohnheiten

Wenn du es möchtest,
kann dich nichts daran hindern,
deine Gewohnheiten zu ändern.
Warum immer im eigenen Bett schlafen,
wenn es im Haus noch andere Orte gibt,
an denen du es dir mit deinem Kopfkissen gemütlich
machen kannst?
Das wird dir helfen, mit Gewohnheiten zu brechen.
Und du wirst feststellen, dass sich der einzig verlässliche
und sichere Ort in dir selbst befindet
– egal wo du gerade bist.

## Aufstehen und weitergehen

Man kann fallen, man kann sich wehtun,
man kann enttäuscht werden,
doch danach muss man wieder aufstehen.
Und mit jedem Sturz lernt man, dem Aufprall auszuweichen,
die Gefahren schon im Vorfeld zu erkennen.
Aber auch, sich nicht von schlimmen Dingen,
die passieren könnten, herunterziehen zu lassen
oder sie stumpf zu ertragen.
Ich selbst habe sieben Leben, und mit jedem neuen
Leben werde ich glücklicher.

## Genieße die schöne Aussicht

Nimm dir jeden Tag ein bisschen Zeit,
dich ans Fenster zu setzen und hinauszuschauen.
Beobachte das Leben vor deinem Fenster –
die Autos, die vorbeifahren,
die Leute, die vorübergehen,
die Vögel, die vorbeifliegen.
Und dann konzentriere dich
auf den fernsten Punkt am Horizont.
Dein Blick weitet sich, und du spürst,
wie in dir ein ganz neuer Raum entsteht.

## Dampf abzulassen ist normal

Denk nicht, du seist ein schlechter Mensch,
wenn du ab und an einfach mal Dampf ablassen musst.
Wir alle haben zwei Seelen in unserer Brust,
eine eher ausgeglichene
und eine eher aufbrausende.
Da ist es doch kein Wunder,
dass du auch einmal grundlos ausrasten kannst.
Gib ruhig auch deiner »dunklen« Seite Raum,
nur so kann sie dich nicht ganz verschlingen.

## Die Angst geht vorüber

Gefühle halten immer nur eine begrenzte Zeit an.
So wie sie kommen und den Geist erhellen
oder verdunkeln, so verschwinden sie wieder.
Das gilt auch für die Angst, das Gefühl,
das uns vor Gefahr bewahren soll.
Grübele nicht länger über Gefahren nach,
die bereits gebannt sind,
sondern öffne deine Seele
für neue und angenehmere Empfindungen.

## Lerne, Nein zu sagen

Gebranntes Kind scheut das Feuer,
sagt man, und das stimmt.
Überleg dir einmal, was dich im Leben verletzt hat.
Und dann lass nicht zu, dass du noch einmal verletzt wirst.
Du musst nicht immer tun, was andere verlangen.
Lerne, Nein zu sagen.
Zuerst wird es sich ungewohnt anfühlen,
bald aber ist es das wichtigste Hilfsmittel für
ein unbeschwertes Leben.

## Ruhetag

Muße ist der Anfang aller Philosophie,
sagte ein berühmter Denker.
Vielleicht wollte er damit Folgendes ausdrücken:
Erst wenn man aufhört, immer wieder
dieselben obsessiven Gedanken kreisen zu lassen,
kann ein heller,
kristallklarer,
wahrer Gedanke
zutage treten.

ÜBUNG

## Lass dich nicht vom Alltag schlucken

Im Leben kann nicht ständig etwas Besonderes oder gar Außergewöhnliches geschehen. Das Leben besteht aus Gewohnheiten, aus Tätigkeiten, die man Tag für Tag wiederholt.
Und doch gibt es einen Unterschied zwischen dem Alltag, der mit vollem Bewusstsein gelebt wird, und einem Leben auf »Autopilot«, in dem man nicht darauf achtet, was man tut. Oder, schlimmer noch, in dem man immer unter Anspannung agiert, als ob es aus diesem Gefängnis kein Entrinnen gäbe.
Wenn ein Ausbrechen der einzige Ausweg zu sein scheint, ist das ein Zeichen dafür, dass man nicht in der Gegenwart lebt und noch einmal von vorn anfangen muss, um das tägliche Leben wieder schätzen zu lernen. Etwas an seinen Gewohnheiten zu ändern, und sei es nur eine Kleinigkeit, ist der Weg dorthin.



Falls du zum Büro immer denselben Weg nimmst, probiere eine andere Strecke aus. Vielleicht brauchst du etwas länger, aber der Tag wird anders beginnen.

## ÜBUNG

Achte einmal darauf, ob du dich zu Hause oder mittags in der Kantine immer an denselben Platz setzt. Falls das so ist, mache es heute anders, und du wirst feststellen, dass die Welt aus einem anderen Blickwinkel plötzlich ganz neu wirkt. Auch wenn sich in Wirklichkeit nichts verändert hat, erscheinen dir die Dinge nicht mehr so selbstverständlich.

Mach einen Spaziergang durch dein Viertel, auch wenn du nirgendwo hin musst und nichts zu erledigen hast. Setze einfach einen Fuß vor den anderen, sieh dich um, achte auf die Düfte, lausche den Gesprächen der Passanten, nimm die vorbeifahrenden Autos wahr. Und spüre, dass du wirklich Teil des Lebens bist.

# VIERTE WOCHE

## Warum in die Ferne schweifen?

Glaube nicht, Wunder und Abenteuer
ließen sich nur woanders finden.
Ich träume davon, mein ganzes Leben an Orten
zu verbringen, die ich schon kenne.
Auf meinem Sofa, dem Fenstersims,
dem Teppich, auf dem ich mir die Krallen wetze.
Die wahre Entdeckungsreise, schrieb ein
Schriftsteller einst, besteht nicht darin,
nach Neuem zu suchen, sondern darin,
Bekanntes mit neuen Augen zu betrachten.

## Sei ganz du selbst

Lass nicht zu, dass die anderen
dich wie ihr Eigentum behandeln
oder, schlimmer noch, wie ihre Eroberung.
Tief in dir
gibt es einen tiefen und reinen Teil,
den niemand jemals
in Besitz nehmen oder erniedrigen kann.
Bewahre ihn dir, auch um den Preis,
unnahbar zu sein. Dieser Teil bist du,
und ihn zu verlieren bedeutet, das Glück zu verlieren.

# Ändere deinen Blickwinkel

Warum ich lieber in den Pappkarton gehe
statt auf das schöne, weiche Kissen, das du mir gekauft hast?
Frag dich doch lieber mal,
wieso dir ein schmales, quietschendes Bett
in einer Berghütte bisweilen verlockender erscheint
als ein bequemes Hotelbett.
Es ist alles eine Frage der Perspektive.
Sei dir selbst gegenüber ehrlich
und gehe nicht danach, was schöner ist,
sondern danach, was dich glücklicher macht.

## Eine Frage des Selbstbewusstseins

Beobachte einmal, wie viel Aufmerksamkeit manche
wegen Nichtigkeiten erheischen,
und mach dir bewusst, welche Energieverschwendung das ist.
Manchmal ist es besser, selbstbewusst Haltung zu bewahren,
nicht so viel zu gestikulieren,
die Stimme herunterzufahren,
durchzuatmen und langsam zu sprechen –
es ist nicht nötig,
ständig aufzudrehen,
um auf sich aufmerksam zu machen.

## Halte die Wohnung sauber

Dein Zuhause ist dein kleines Reich,
der Ort, wo du entspannen kannst,
still und heiter und in aller Ruhe.
Kümmere dich um den Haushalt
und halte deine Sachen in Ordnung,
sodass diese äußere Ordnung und Sauberkeit
zu einer inneren Ordnung und
Sauberkeit führen,
die es dir erlauben, jedes einzelne Gefühl
ganz klar zu erkennen.

SAMSTAG

## Verletzlichkeit ist eine Stärke

Es sind weder der strenge Gesichtsausdruck
noch die Gleichgültigkeit
noch harte Worte, die dich stärker machen,
dir Respekt verschaffen oder attraktiv wirken.
Im Gegenteil. Scheue dich niemals,
deine verletzliche Seite zu zeigen und zuzugeben,
dass auch du ab und an Streicheleinheiten brauchst.
Im Gegenzug wirst du
all die Liebe bekommen, die du verdienst.

## Ruhetag

Und wieder ist Sonntag.
Nutze den Tag zum Faulenzen.
»In völliger Ruhe
und im Traum
scheint die Wahrheit hell.«,
schrieb eine große Schriftstellerin.
Ich sage – und vielleicht ist es dasselbe –,
dass Müßiggang hilft,
das wahre Selbst hervortreten zu lassen.



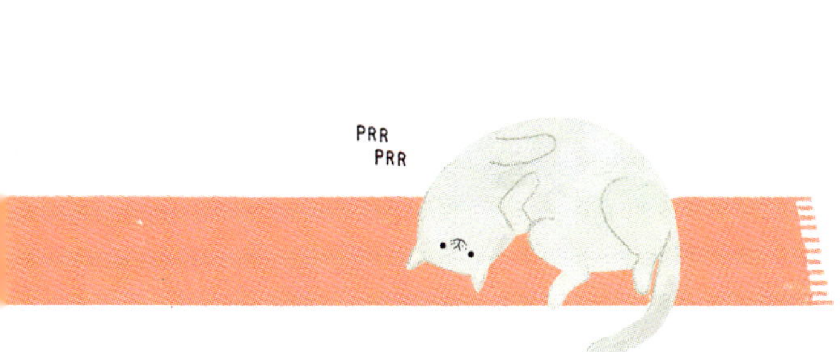

ÜBUNG

## Bemühe dich um Ruhe

Hast du schon einmal nervöse Menschen beobachtet? Wie sie fahrige Bewegungen machen oder mit den Füßen zappeln und plötzlich die Stimme erheben? Wie unangenehm! Nicht von ungefähr bevorzugen wir Katzenwesen stille und gelassene Menschen, mit denen wir Momente großer Ruhe teilen können. Auch wenn unser Gemaunze – zugegeben – manchmal an die Nerven gehen kann (gelegentlich ist es nötig, sich bemerkbar zu machen!), trägt unser wohliges Schnurren erheblich zu einem in sich ruhenden, Respekt gebietenden Auftreten bei.

Beobachte dich zunächst selbst: Neigst auch du zu abrupten Bewegungen oder dazu, lauter zu werden? Wenn ja, dann sage dir immer wieder selbst: »Bleib ganz ruhig!« Probiere außerdem Folgendes:

Wenn du dich in einer lebhaften Diskussion plötzlich angegriffen fühlst, geh nicht selbst zum Angriff über, sondern denke an die Sphinx, die mit ihrem katzenhaften Körper unbeweglich in den Sanddünen ruht und die Pyramiden bewacht. Atme tief durch und zwing dich zu einer ruhigen Erwiderung.

Überschütte deinen Partner nicht mit Fragen, wenn er nach Hause kommt, und lade ihm nicht deinen Stress auf. Denk daran: Auch er hatte einen anstrengenden Tag. Sei nett zu ihm und sprich in einem freundlichen Ton. Auf die Art wird euer Abend bestimmt mustergültig erholsam.

# FÜNFTE WOCHE

## Lebe nicht nach starren Regeln

Man hat dir ständig gesagt,
du müsstest um eine bestimmte Zeit
aufstehen, dich waschen, frühstücken.
Und so ist dein Tag
von einem strengen Schema bestimmt.
Ich hingegen sage dir:
Iss, wenn dir danach ist,
wasche dich, wenn es dir nötig erscheint,
stehe auf, wenn sich deine Augen
von alleine öffnen.
Genau das ist Zen.

# Gönn dir ein Nickerchen

Müßiggang ist eine Kunst.
In einer Welt, in der jeder hastet und rennt
und sich keiner eine Pause gönnt,
wird Gähnen für dich zum Genuss,
genau wie das Nickerchen am Nachmittag.
Überlass dich der Trägheit
und schließ die Augen. Das ist keine
Zeitverschwendung:
Wenn du aufwachst, wirst du deinen Tag
mit neuer Energie und Elan fortsetzen.
Mein Motto: Schlafen und schlafen lassen.
Jederzeit.

## Zeige deine Dankbarkeit

Denk nicht lange darüber nach:
Sei dankbar und glücklich!
Ich bedanke mich mit einem Schnurren
oder indem ich dir eine besondere Aufmerksamkeit
vors Bett lege – einen Spatz oder ein anderes Vögelchen,
das ich extra für dich gefangen habe.
Du schenkst der Person, die dir den Tag verzaubert hat,
ein Lächeln oder ein liebes Wort.
Sei beim Aufwachen jeden Tag aufs Neue
dankbar für dein Leben.
Am Ende des Tages wird es noch mehr geben,
worüber du dich freuen kannst.

## Finde dich nie einfach so mit etwas ab

Ein Verbot ist bloß eine Norm,
die uns daran hindert, im Leben etwas Neues auszuprobieren
und unsere Träume zu verwirklichen.
Für mich gibt es keine Verbote.
Ich höre erst dann mit etwas auf,
wenn ich keine Lust mehr dazu habe.
Und wenn ich etwas haben will,
kann ich sehr, sehr dickköpfig sein.
Mit anderen Worten: Ich weiß genau, was ich will.
Dazu zu stehen verleiht Unbeschwertheit.

## Freunde dich mit der Leere an

Hab keine Angst vor der Leere –
befreie den Geist ab und an
von sämtlichen Gedanken und Pflichten.
Gib dich der Leere ganz hin und schaue so lange du willst
einfach ins Nichts.
Etwa so wie ich.
Leere ist kein Mangel.
Ganz im Gegenteil. Glaube mir
– auch wenn du das sicher nicht gleicht begreifst:
Die Leere und die Fülle sind ein und dieselbe Sache.



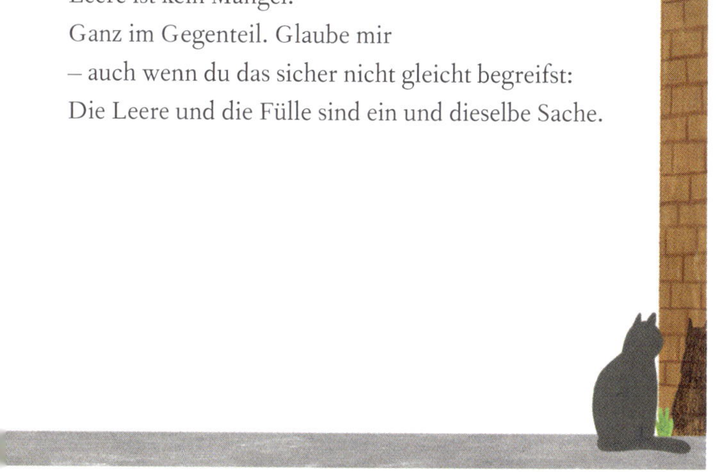

## Verteidige dein Territorium

Es ist nicht nötig, die Welt zu erobern, wenn man schon
unangefochtener Herrscher des eigenen Hauses ist.
Egal wie klein es auch sein mag: Dein Heim ist dein Reich.
Sorge dafür, dass es dir und deinen Vorstellungen entspricht
und zu deiner Lebensweise passt,
und lass nicht zu,
dass jemand dort eindringt.

## Ruhetag

Kein Lebewesen ist frei,
solange es nicht ab und an faulenzen kann.
Wenn du dich wirklich frei und unabhängig fühlen willst,
ganz du selbst sein willst, wie eine Katze,
dann lass heute alle Aktivitäten ruhen.
Du musst nicht glauben, dass dir
nur »nützliche« Dinge guttun.

ÜBUNG

## Sei dir schöner Momente bewusst

Es gibt auf der Welt so vieles, für das man dankbar sein kann: dafür, täglich den Napf gefüllt zu bekommen und stets frisches Wasser zu haben, für einen kleinen Streifzug durch die Balkonkästen, eine saubere und aufgeräumte Wohnung, liebevolle Streicheleinheiten und – als Krönung des Tages – ein Belohnungsleckerli. Ihr Menschen zeigt eure Gefühle meist nur, wenn es euch schlecht geht – bei Wut, Groll oder Trauer. Als fühltet ihr euch schuldig, wenn ihr auch die positiven Empfindungen zulassen würdet.
Genau das aber solltet ihr tun, wenn ihr gerade glücklich seid. Das wird euer Glück um ein Vielfaches steigern.

Wähle einen möglichst entspannten Moment des Tages. Das kann die Büro-Mittagspause im sonnigen Park um die Ecke sein oder wenn dir im Bett vor Müdigkeit allmählich die Augen zufallen.

## ÜBUNG

- Nimm Papier und Stift und schreibe alles auf, was dir im Laufe des Tages Schönes widerfahren ist, all das, wofür du dankbar bist. Sollte gerade einmal nichts Besonderes passiert sein (wie ein überraschendes Geschenk, eine Beförderung oder eine tolle Begegnung), denke einfach an deinen Alltag – deine Familie, das gesellige Abendessen oder deine Katze, die schnurrt, wenn du nach Hause kommst.

- Lies dir deine Auflistung noch einmal durch, bedanke dich im Stillen für jede Einzelheit.

- Wiederhole diese Übung zwei-, dreimal die Woche. Je öfter du sie machst, desto glücklicher und dankbarer wirst du dem Leben sein.

# SECHSTE WOCHE

## Liebe dich selbst

Es gibt niemanden auf der Welt,
der wichtiger ist als du.
Vergiss niemals, wer du bist.
Denke vor allem anderen an deine eigenen Bedürfnisse
und an dein Glück. Du wirst bald merken,
dass dies keineswegs egoistisch ist, auch wenn
manch einer das Gegenteil behaupten wird.
Kümmere dich nicht darum – sobald du
glücklicher bist, wird dein Glück
auch dein Umfeld strahlen lassen.

## Atme in den Bauch

Achte auf meinen Bauch, wenn ich schlafe.
Sieh zu, wie er sich hebt und senkt.
Ist nicht schon
dieser bloße Anblick sehr beruhigend?
Das ist die Bauchatmung,
eine wirklich tiefe Atmung.
Nur wenn du dich bemühst, so zu atmen,
wird dein ganzer Körper optimal mit Sauerstoff versorgt,
dein Zwerchfell entspannt sich,
Spannungen lösen sich, und du wirst
leichter einschlafen können.

## Stehe im Morgengrauen auf

Stehe ab und an ganz früh auf,
kurz bevor die Sonne aufgeht,
wenn alle anderen noch schlafen,
und erlebe das alltägliche Wunder des Sonnenaufgangs.
Es ist der kostbarste Augenblick des ganzen Tages,
der Moment, in dem das Licht allmählich die
Welt durchdringt und alles zu neuem
Leben erwacht.
Du wirst spüren, wie auch du zu neuem
Leben erwachst (und endlich verstehen,
warum ich dich wecken will).

## Genieße dein Essen

Danke der Hand,
die dir das Essen auf den Tisch stellt.
Begeistere dich für jeden Bissen, den du kostest.
Es kommt nicht darauf an,
dass es jeden Tag etwas anderes gibt.
Im Gegenteil – warum ständig wechseln?
Lerne zu schätzen, was du hast,
und genieße es bis zum letzten Bissen.
Wenn du plötzlich etwas anderes zu essen bekommst,
wirst du dich darüber umso mehr freuen!

## Sei dir selbst genug

Sich selbst genug zu sein, so wie ich,
bedeutet nicht, sich von den anderen loszusagen
oder niemals um Hilfe zu bitten
Im Gegenteil: Mach dich bemerkbar, wenn nötig!
Es bedeutet, das Leben schätzen zu können,
auch wenn man allein ist,
und zu lernen,
selbst für die eigenen Bedürfnisse zu sorgen.
Vor allem aber bedeutet es, sich nicht emotional
von der Anerkennung anderer abhängig zu machen.



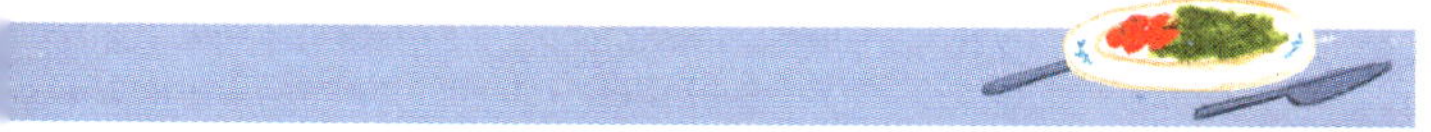

## Pflege deinen Körper

Betreibe Körperpflege nicht wie ein notwendiges Übel.
Gehe liebevoll mit dir um
und lass die tägliche Reinigung
zu einem angenehmen und wohltuenden Ritual werden.
Ich und meinesgleichen
verbringen fast ein Zehntel des Tages mit Körperhygiene.
Ist der Körper mit sich im Reinen, ist es auch der Geist.

## Ruhetag

Stell wenigstens heute einmal keinen Wecker.
Solltest du dennoch früh aufwachen,
genieße das erste Licht des Tages
und bleib einfach noch ein bisschen faul im Bett liegen.
Irgendjemand hat einmal gesagt,
das Schönste im Leben ist die Zeit,
die man morgens wach im Bett verbringt.

ÜBUNG

## Lerne das Atmen neu

Die Menschen haben vergessen, wie man atmet. Die meisten atmen – insbesondere unter Stress – nur in den Brustkorb, und das führt zu einer stärkeren Anspannung des Zwerchfells, Spannungen im Hals- und Nackenbereich sowie in den Schultern. Es gibt für den Körper, ja sogar für den Geist, nichts Gesünderes und Erholsameres als die vollständige Atmung bis hinunter in den Bauch. Zu einer bewussten Atmung zurückzukehren heißt auch, sich seiner selbst, seiner Gefühle und Energien bewusster zu werden.

Lege dich bequem hin – entweder im Bett oder auf einer weichen Unterlage. Strecke die Beine aus oder stelle sie angewinkelt auf, wenn dir das lieber ist. Man kann die Bauchatmung auch im Sitzen ausführen, entweder auf einem Stuhl mit gerader Lehne oder auf dem Boden.

## ÜBUNG

Lege eine Hand auf den Nabel ohne Druck auszuüben. Dann atme tief ein und spüre, wie sich der Bauch wie ein Ballon mit Luft füllt. Du wirst merken, dass sich deine Hand mit der Bauchdecke hebt.

Atme aus. Nun spürst du, wie sich deine Hand mit der Bauchdecke senkt, während sie sich kaum merklich wieder zusammenzieht. Wenn du willst, kannst du die Ausatmung noch verstärken, um den Bauch vollständig zu leeren. Dadurch kommt es zu einem umfassenderen Austausch der Atemluft.

Atme anfangs genauso lang ein wie aus und steigere dann allmählich die Dauer der Ausatmung, bis sie doppelt so lang ist wie die Einatmung.

# SIEBTE WOCHE

## Grüble nicht, handle

Wenn du alles durch Denken lösen willst,
wirst du nichts als ein großes
Durcheinander bewirken.
Es gibt Momente im Leben,
da ist es besser,
sich vom Körper und seinen Instinkten
leiten zu lassen.
Und selbst wenn es dadurch kurz
drunter und drüber geht,
zerbrich dir auch darüber nicht den Kopf.
Im nächsten Augenblick wirst du es schon
vergessen haben.

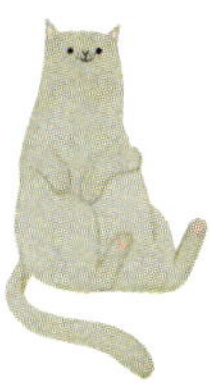

## Strecke und dehne dich

Dein Körper ist der Spiegel deiner Innenwelt.
Dort nämlich sammelt sich
alle Anspannung des Tages.
Gewöhn dir an, dich hin und wieder
auf dem Bett lang zu machen
– besser noch auf einer Matte –
und das angenehm befreiende Gefühl zu genießen,
das sich dabei in dir ausbreitet.
Deine Anspannung wird sofort nachlassen.

## Blende aus, was dich stört

Halte dich von allzu nervösen oder unruhigen Leuten fern,
wenn du dir deine eigene Ruhe bewahren willst.
Es gibt keine bessere Gesellschaft
als die von jemandem, der Ruhe liebt –
und vielleicht ein paar Streicheleinheiten.
Vor allem aber: Wenn dich jemand nervt
oder dich provozieren will, dann ignoriere ihn einfach!
Das wird vielleicht überheblich wirken,
erspart dir aber eine Menge unnötigen Stress.

## Schärfe deinen Geruchssinn

Fünf Sinne haben wir, und jeder einzelne
kann dir äußerst angenehme Empfindungen schenken.
Erinnere dich nicht erst dann an deinen Geruchssinn,
wenn dir angenehme Düfte um die Nase streichen.
Schärfe diesen Sinn,
um angenehme Düfte und Aromen aufzuspüren,
die dich entspannen und dich daran erinnern,
wie viel Bemerkenswertes
die Welt um dich herum bereithält.

## Iss, wenn du Lust dazu hast

Warum sich zwingen, immer alles aufzuessen,
was auf dem Teller liegt,
auch wenn man gar nichts mehr mag?
Höre lieber auf zu essen,
wenn du merkst, dass du satt bist.
Lerne, auf deinen Körper zu hören –
er weiß, wenn es Zeit ist, etwas zu essen,
und ob du nur eine Kleinigkeit brauchst
oder dir so richtig den Bauch vollschlagen solltest.

## Gönn dir etwas Sonne

Mit einem Sonnenbad tankst du Energie,
die uns immer zur Verfügung steht.
Lass deinen Blick von der Sonne erhellen
und deine Haut von ihr wärmen.
Du wirst spüren, wie sich dein Körper entspannt
und sich dein Gemüt beruhigt.
Überlasse dich ganz der wohltuenden Wärme,
strecke dich, recke dich und denke an nichts anderes
als daran, was für eine schöne, einfache Freude du dir
gerade bereitest.

## Ruhetag

Den Menschen gelingt es nicht,
einfach mal still sitzen zu bleiben.
Das erklärt all ihre Probleme.
Das hat ein großer Denker
schon vor Jahrhunderten gesagt.
Dein Sontag soll so sein,
wie jeder meiner Tage:
Eine Gelegenheit zu entdecken,
welche Freude es ist, auf der Welt zu sein.
Ohne etwas dafür tun zu müssen.

ÜBUNG

# Katzenbuckel

Sport sollte nicht unbedingt eine Angelegenheit von Konkurrenz und Wettkampf sein, bei der es nur darum geht, sich selbst und andere zu übertreffen und nach dem Training dann zu sagen: »Wow, bin ich toll!«
Sport kann vielmehr dazu beitragen, die über den Tag aufgestauten Spannungen abzubauen, insbesondere die im Rücken. Der Katzenbuckel ist da genau richtig. Stell dir dabei vor, wie ich den Rücken erst rund mache und mich anschließend mit nach oben gerecktem Kopf strecke, dann fällt es leichter!

Komm auf einer bequemen Unterlage auf alle viere. Vielleicht legst du dir dabei sogar ein Kissen unter die Knie. Richte Oberschenkel und Arme senkrecht auf. Die Knie befinden sich unter den Hüften und die Handgelenke unter den Schultern.

Atme aus und mache langsam einen runden Buckel. Senke dabei den Kopf und ziehe das Kinn Richtung Brustbein.

Atme ein und senke den Rücken behutsam wieder, bis er leicht nach unten durchgebogen ist. Hebe gleichzeitig den Kopf an.

Wiederhole diese Bewegungen in sanftem Wechsel, lass deinen Atem dabei immer freier fließen und die Bewegung größer werden.

*Für Nigel, Panda-Thérèse, Shiro, Olivia, Pigna, Cavour, Emilio, Tina, Romeo, Stregatto, Camillo, Mimì, Maffy, Vladimiro, Trombino, Peppe, Magneto, Mizzi, Ampelio, Cat, Rouge, Lizzie, Beirut, Isi, Zanzibar, Cheope, Malachia, Trudy, Nausicaa, Asia, Ginger, Pepe, Camilla, Beatrice, Filini, Prika, Pigne, Batuffolo, Cremino, Jack, Minù, Swift, Rufo, Spritz, Libano, Enough, Already, Rosso, Fiocco, Kamala, Melo, Maya, Giotto, Dafne, Chicco, Ginevra, Linda, Tigro, Saphir und alle anderen Katzen dieser Welt, die ihre Menschenfreunde glücklich machen.*